LA PÉNINSULE,

TABLEAU PITTORESQUE

DE L'ESPAGNE ET DU PORTUGAL.

IMPRIMERIE DE D'URTUBIE ET WORMS,
Rue Saint-Pierre-Montmartre, 17.

LA PÉNINSULE,

TABLEAU PITTORESQUE

DE

L'ESPAGNE ET DU PORTUGAL,

PAR

MADAME LA DUCHESSE D'ABRANTÈS, ET MM. ADER, ÉDOUARD D'ANGLEMONT, BELMONTET, H. BERTHOUD, BORY DE SAINT-VINCENT, MADAME LA COMTESSE DE BRADI; MM. BRUCKER, BUCHON, LE COMTE DE CANCLAUX, CAPEFIGUE, CASTROVERDE, AUGUSTIN CHAHO, H. CORNILLE, LE MARQUIS DE CUSTINE, DANTAS PERREIRA, LE COMTE ALEXANDRE DE LABORDE, FERDINAND DENIS, ÉMILE DESCHAMPS, DUBIEF, ALEXANDRE DUMAS, L. DUSILLET, JUAN FLORAN, FONTANEY, GALBACCIO, GAUTTIER D'ARC, GAVET, GENEVAY, SAINT-GERMAIN-LEDUC, LÉON GOZLAN, A. GUIRAUD, J. JANIN, ACHILLE JUBINAL, JULIA DE FONTENELLE, PAUL LACROIX, DE LARRA, LASSAILLY, A. LEDREUILLE, B. LOPEZ, CH. MARCHAL, MARMIER, P. MÉRIMÉE, A. MONREGARD, MONTROL, MURIEL, CHARLES NODIER, PINHEIRO, LE COMTE GASPARD DE PONS, CH. ROMEY, LE GÉNÉRAL THIÉBAUT, THORÉ, TILLEUL, LE COMTE ALFRED DE VIGNY, ETC.

—

TOME SECOND.

PARIS,

AU BUREAU DE LA PÉNINSULE,

17, Faubourg-Montmartre.

—

1836

LA PÉNINSULE,

TABLEAU PITTORESQUE

DE

L'ESPAGNE ET DU PORTUGAL.

DONA CATALINA DE ERAUSO,

OU

LA MONJA ALFEREZ.

Dona Catalina de Erauso naquit en Guipuscoa, à Saint-Sébastien, le 10 février 1585, du capitaine Miguel de Erauso et de Dona Maria Perez de Galarraga y Arce. Comme dans toutes les familles nombreuses en Espagne à cette époque, les filles de don Miguel de Erauso furent, dès leur naissance, destinées à la vie religieuse, et Catalina, comme l'aînée de ses sœurs, fut la première offerte en sacrifice. Elle avait à peine quatre ans, qu'elle fut remise à la garde de la sœur de sa mère, dona soror *Ursula, de Unza y Sarasti*, prieure du couvent des dominicaines de *San-Sebastian l'Antiguo*. Catalina demeura dans ce monastère avec assez de résignation jusqu'à l'âge de quinze ans. Ce fut alors qu'une vie aventureuse de gloire et de dangers lui fut révélée avec toutes ses séductions, telle enfin que pouvait être la liberté aux yeux d'une jeune fille qui jusqu'alors n'avait compris d'autre bien dans l'état qu'on voulait lui imposer, qu'une sévérité plus ou moins adoucie, qu'une captivité plus ou moins rigoureuse.

Elle raconte elle-même, dans une sorte de journal de sa vie, qui pourrait prendre le nom de *Mémoires* si l'ouvrage avait plus d'étendue, combien elle était malheureuse chez les dominicaines de Saint-Sébastien, quoique la prieure du couvent fût sa tante. En effet, ce n'était pas des caresses, un chapelet, un reliquaire obtenus par préférence qui causaient le malheur de la jeune novice ; il avait une cause plus sérieuse : c'était la vie manquée dans son but ; et dès lors une infortune absolue, au lieu d'un bonheur infini. La jeune fille ne savait pas établir cette distinction, mais elle la sentait ; elle avait soif de cette liberté qu'elle appelait de tous ses vœux sans la connaître ; et pourtant elle ne pensait pas, à cette époque, pouvoir jamais franchir les murs de bronze qui étaient entre le monde et elle. Ce qu'elle voulait, elle l'ignorait ; seulement elle était malheureuse et pleurait, car elle avait déjà le voile blanc et son année de noviciat touchait à sa fin, et elle voyait arriver le moment où sa propre volonté allait faire d'un séjour déjà détesté une éternelle prison. Elle avait alors quinze ans.

Ce fut vers cette époque qu'elle eut une querelle violente avec une religieuse nouvellement arrivée dans le monastère, appelée Catalina de Aliri. Cette querelle fut terrible dans ses suites : la religieuse était au moins aussi emportée que la novice ; elle était plus forte ; elle la battit, et Catalina ne put se venger sur l'heure !...

Quand on la connaît, quand on sait comment cette femme inconcevable recevait une offense... quand on la suit dans ses vengeances cruelles, on ne comprend pas qu'elle ait pu

laisser dormir plusieurs heures la rancune de l'insulte!...
Tout un jour elle garda le silence ; elle n'osait parler : il lui
semblait que l'orage qui grondait au dedans d'elle aurait écla-
té avec trop de violence si elle eût dit un mot. C'était le 18
mars de l'année 1600, aux vigiles de saint Joseph : à minuit
chaque religieuse descendit au chœur pour l'office des Matines; tout le couvent était rassemblé, et priait, lorsque la prieu-
rę appela Catalina et lui donna sa clef pour aller chercher son
bréviaire, qu'elle avait oublié. La jeune fille obéit, mais len-
tement... Elle monta à la cellule, mais d'un pas pesant; et,
lorsqu'elle y entra, elle était accablée. Tout-à-coup ses yeux
noirs à la prunelle de feu brillèrent d'un éclat sauvage... Un
sourire de triomphe entr'ouvrit sardoniquement sa bouche,
et courba son nez de faucon... Tout son corps frémit de joie...
Elle prit le bréviaire, redescendit d'un pas léger, remit à sa
tante le livre et la clef; puis, s'agenouillant à côté d'elle, elle
pria... oui, elle pria!... et depuis bien long-temps elle n'a-
vait été aussi fervente.

Peu de momens après son retour elle se plaignit d'un vio-
lent mal de tête, et demanda la permission, qu'on refusait
rarement aux novices, de se retirer avant la fin des Matines.

Lorsqu'elle eut refermé la porte de l'église, et qu'elle eut
mis entre elle et les religieuses de Saint-Dominique ses lourds
et vieux battans, Catalina respira fortement, comme pour
prendre possession d'une autre existence dans l'air qui était
autour d'elle... Maintenant qu'elle savait enfin ce qu'elle avait
à faire, il lui paraissait que Dieu lui avait donné une autre
vie et d'autres forces pour exécuter sa volonté... Et il fallait
en effet une fermeté peu commune pour mener à bien ce
qu'elle allait entreprendre... Car, dans cette partie jouée
contre le sort par une jeune fille de quinze ans, la jeune fille
mettait sa tête pour enjeu, et le sort, *lui*, demeurait insou-
cieux et impassible.

Cette lueur qui venait de lui apparaître comme un fanal

dans la nuit où elle errait, un seul moment avait suffi pour la faire jaillir aux yeux de Catalina.

Elle venait de prendre le bréviaire de sa tante sur son prie-dieu ; elle allait sortir de la cellule, lorsque ses yeux s'arrêtèrent sur un objet qui la fit tressaillir... C'étaient les clefs du couvent que la tourière déposait chez la prieure avant d'aller à Matines... A cette vue la novice ne sentit plus son bandeau serrer son front comme un cercle de feu... elle entrevit le monde... elle vit le ciel... elle vit les champs .. elle fut libre !... Aucun intermédiaire n'existait plus entre sa volonté, quelle qu'elle fût, et son exécution... ce qu'elle VOULAIT, elle le POUVAIT... De ce moment son parti fut pris... elle fut aussitôt ce qu'elle fut toujours depuis, une femme de résolution, n'ayant rien d'hésitant dans ses actions, et tranchant le nœud qu'elle ne pouvait délier.

Au moment où elle était sortie du chœur, les Matines commençaient seulement ; elle avait donc à elle le temps nécessaire pour exécuter son plan de fuite : elle ne le perdit pas en préparatifs superflus, elle retourna seulement à la cellule de sa tante, dont elle avait eu soin de ne pas refermer la porte. Elle y prit d'abord de l'argent... des aiguilles, des ciseaux, du fil ; puis les clefs du monastère... ensuite, elle descendit doucement, ouvrant et refermant les portes... Lorsqu'elle fut à la dernière, elle s'arrêta un moment pour ôter son scapulaire, qu'elle laissa dans le tour... Enfin elle ouvrit la dernière barrière qui la séparait d'un monde où elle se jetait à quinze ans, ignorante de tous ses maux comme de toutes ses joies, seule, et privée de tout appui !... Mais ce qu'elle voulait, c'était sa liberté... Elle courut sans s'arrêter jusqu'à une châtaigneraie qui était à quelque distance de la ville.

Arrivée dans cette retraite, elle se cacha dans le plus épais du bois, et y demeura trois jours sans être aperçue d'un seul être humain !... Elle y était entrée vêtue comme une novice de Saint-Dominique, elle en sortit habillée comme un jeune garçon ; et depuis ce moment jusqu'à celui de sa mort, elle ne *quitta plus l'habit d'homme.* Au milieu de la troisième nuit qui suivit sa fuite du couvent, elle sortit de sa retraite, et suivit une route qui était devant elle, sans savoir où elle la conduirait : c'était celle de Vittoria. Pendant les trois jours qu'elle avait passés dans la châtaigneraie, la malheureuse fugitive n'avait vécu que de quelques racines sauvages et *de l'herbe qu'elle cueillait dans le chemin,* dit-elle elle-même.

Arrivée à Vittoria, le sort la servit en favorite ; elle entra comme copiste chez un oncle qui ne la connaissait pas, *don Francisco de Cerralta.* Il en prit soin comme d'un pauvre orphelin et voulut même soigner son éducation. Mais la jeune fille n'avait pas quitté sa prison pour s'en donner une volontaire.., son humeur vagabonde, sa volonté de connaître cet univers ouvert devant elle, l'entraînèrent à Valladolid, où la cour résidait alors... Elle y fut encore servie par le sort, et entra comme page dans la maison de don Juan de Idiaquez, secrétaire du roi et protecteur de sa famille. Elle était là depuis quelques mois, lorsqu'un soir, étant devant la porte du palais, elle vit arriver son père, le capitaine don Miguel de Erauso : elle le reconnut seulement à la voix, car la nuit était déjà sombre. Le malheureux vieillard venait demander à don Juan de lui donner des preuves de son intérêt en l'aidant à retrouver sa fille, dont il lui apprit la fuite. Catalina avait suivi doucement son père pour saisir quelques mots qui pussent la guider. Ceux que le vieillard employait pour exprimer sa douleur de père auraient dû lui ramener sa fille; mais Catalina n'était pas une de ces femmes qui sont arrêtées dans une route, quelle qu'elle soit, par un remords ou un regret, à moins que ce ne soit l'effet d'un retour sur elle-même. Ce que la fille de don Miguel entendit ne produisit donc d'autre résultat que de la faire sortir à l'heure même du palais de don Juan, conclure un marché avec un mule-

tier , et la faire partir *à Manana par la Manana* de Valladolid... Avant le jour elle était en route pour Bilbao : elle
portait alors le nom de Francisco de Loyola.

Arrivée à Bilbao , elle s'y trouva au milieu d'une foule
d'hommes dont son habit la rendait pour ainsi dire *cama-
rade*... et en peu de temps elle prit des habitudes aussi éloi-
gnées de son éducation que *d'elle-même ;* ce que le préjugé
eût sans doute réprimé prit possession d'elle avec despo-
tisme... — C'était la violence de son caractère, elle s'y aban-
donna ; et tandis qu'elle voulait être libre , elle signait un
pacte d'esclavage honteux avec les passions les plus désor-
données. Un jour, étant à Bilbao , elle eut une querelle avec
quelques jeunes gens... A la suite de cette querelle dont elle
était *l'agresseur*, elle fut mise en prison, et y demeura tout
un mois.

De Bilbao elle fut à Estella di Navarra , où elle entra au
service d'un chevalier de Santiago, nommé don Carlos de
Arellano. Elle y demeura deux ans, bien *vêtue,* bien *nourrie,*
bien *payée,* dit don Maria Ferrer, éditeur de sa vie. Au bout
de ce temps l'ennui s'empara de Catalina ; une bourrasque de
son imagination déréglée l'emporta à St-Sébastien même !...
Elle fut à la messe dans l'église de son couvent, vit sa mère
de loin tandis qu'on officiait, parla aux religieuses, qui ne
virent en elle qu'un jeune garçon *bien vestido y galan,* lui
firent un accueil presque *hospitalier.* Puis, sans éprouver
d'autre sentiment à la vue de sa mère et de celles dont son
enfance fut entourée, Catalina, ne voulant pas pousser plus
loin sa fortune, quitta Saint-Sébastien, et fut au port du *Pas-
sage,* où elle s'embarqua pour *Séville.* Arrivée à *San-Lucar
la Mayor,* elle trouva la fameuse expédition que l'Espagne
envoyait contre les Hollandais à la Punte de Araya, au moment de mettre à la voile sous les ordres de don Luis Fer-
nandez de Cordova et du fameux *don Luis Fajardo.* Toujours bizarre dans ses actions, même les plus ordinaires de

la vie, Catalina, sous le nom de *Pedro de Orive,* passa aux Indes sur le vaisseau que commandait un de ses oncles, frère de sa mère, don *Estevan Eguino,* et se mit à son service sous le prétexte d'apprendre la profession de marin. La flotte hollandaise, composée de dix-neuf vaisseaux, fut brûlée par l'armée espagnole : ce fut là que Catalina entendit pour la première fois ce bruit qui depuis long-temps la poursuivait dans ses rêves : c'était celui du clairon... c'était la mousqueterie... c'était le fracas des batailles... Mais avec cette soif de gloire elle ne reçut pas cette générosité d'âme qui est ordinairement la compagne du vrai courage, et elle ne fut qu'un être monstrueux dans la création.

La flotte espagnole allait appareiller pour revenir en Europe ; Catalina, voulant demeurer en Amérique, quitta son oncle, mais sans le prévenir, au milieu de la nuit... dans son sommeil, et en lui volant une somme de cinq cents pesos.

Ce fut alors qu'elle devint véritablement un être nouveau, et que sa métamorphose fut effrayante. Son caractère naturellement vigoureux se retrempa dans l'abandon volontaire de tout appui où elle se trouvait placée, et, de *fer* qu'il était, il devint *acier*... Après le départ de l'armée espagnole, elle fut placée dans la maison du capitaine *don Juan de Ibarra,* facteur royal à Panama. Son plan pour l'avenir n'était pas encore arrêté dans son esprit ardent, au milieu du conflit où la plaçaient tant d'incidens étranges... et puis, elle voulait aussi des richesses ! don Juan de Ibarra était avare... elle le quitta ; fit une sorte de traité avec un nommé Juan de Urquiza, négociant de Truxillo, quitta Panama pour se rendre au port de Païta, fit naufrage, et se sauva à grand'peine avec son maître, qui l'établit enfin dans une maison de commerce qu'il avait à Sana.

Elle y était heureuse et tranquille lorsque son naturel inquiet lui fit avoir une querelle avec un habitant de la ville ; et Catalina tira tout à la fois dans cette querelle et la dague et l'épée.

« Pùseme mi espada : que fue la primera que ceni... » etc.,
etc. « Je pris mon épée... ce fut la *première* que je ceïgnis, »
etc., etc. Elle s'enveloppa dans son manteau, et fut attendre
son antagoniste sous le portique d'une église; s'élançant sur
lui, elle lui fit une affreuse blessure au visage en lui criant :

« *Esta es la cara que se corta !...*

« Voilà la figure qu'on coupe !... »

Lui répétant les propres paroles qu'il lui avait dites la veille
à elle-même en la menaçant. Un ami du blessé voulut prendre sa défense; Catalina le frappa grièvement... Effrayée de
ce premier meurtre, elle se réfugia dans l'église; mais le corrégidor, qui passait en ce moment, ne jugea pas le lieu d'a-
sile suffisant; Catalina fut arrachée de sa retraite et conduite
en prison.

Maintenant sa vie n'est plus qu'une suite continuelle de
jours remplis par des crimes ou des malheurs sanglans. La
main de cette femme donnait la mort dès qu'elle touchait un
être humain.

Délivrée de la prison de Sana par son maître *Urquiza*,
elle fut le joindre à Truxillo. Là une nouvelle querelle s'engage entre elle et l'un des amis de celui qu'elle avait blessé à
Sana, et elle le tue.

« La pointe de mon épée, dit-elle, lui entra je ne sais par
où, et il tomba !... »

« *Le entré una punta no sé por donde, y cayo, etc., etc.* »

La cathédrale de Truxillo fut encore son asile après ce se-
cond meurtre... Il semblait que Catalina voulût braver le
Dieu qu'elle offensait.

Son naturel querelleur se développait chaque jour avec des
couleurs plus sombres et des teintes plus féroces. *Urquiza*
jugea nécessaire de s'en séparer. Il arrangea l'affaire de Sana
par son crédit; lui remit des lettres de recommandation pour
son correspondant de Lima; puis, lui donnant une somme
assez forte pour former un établissement *là où elle le vou-*

drait, il l'engagea à quitter Truxillo, et Catalina partit pour Lima vivement recommandée à don *Diego Solarte*, riche négociant de cette ville.

Mais son séjour chez lui ne fut pas long-temps paisible. Il était dans sa nature d'apporter le trouble et *l'étrangeté* de son existence dans toutes les familles où elle serait admise. Don Diego avait chez lui deux jeunes filles, sœurs de sa femme. Catalina trouva plaisant, dans la fougue bizarre de son imagination et sous la protection de son habit viril, de donner de l'amour à l'une de ces jeunes filles. La mystification réussit, et un jour don Diego Solarte proposa un mariage impossible. Catalina, pressée de remplir un engagement qu'elle ne pouvait accomplir, et ne sachant en outre comment elle pourrait trouver un nouveau protecteur, résolut de s'en servir à elle-même. Elle suivit en conséquence ses premiers penchans, qui l'entraînaient au milieu des batailles. Il y avait alors à Lima un corps qui se formait pour le *Chili*. Catalina s'enrôla dans l'une des compagnies, et partit de Lima pour la Conception, qui en est éloignée de cinq cent quarante lieues!...

Ce changement dans son existence, loin de lui être salutaire, lui fut au contraire funeste. Ses passions, qui avaient un foyer déjà trop ardent, reçurent un accroissement terrible des vices dont elle était entourée; loin d'en avoir horreur, elle devint leur hôtesse, et en même temps leurvictime. Les événemens les plus malheureux la trouvèrent toujours prête à tout exécuter, et jamais elle n'eut le droit de se plaindre du sort.

C'était don Alonzo de Ribeira qui était alors gouverneur du Chili. Il avait un secrétaire dont le nom donna un frisson d'épouvante à la religieuse fugitive : il s'appelait *don Miguel de Erauso...* Ce nom rappela à Catalina que, dans son enfance, elle jouait avec un de ses jeunes frères qu'on nommait *Miguel,* et qui, avant l'âge de quinze ans, partit pour

les Indes espagnoles... Était-ce donc ce frère que sa singu-
lière destinée lui faisait rencontrer dans cette terre étrangère ?
Catalina s'en informa... c'était lui !... il était capitaine dans
l'une des nouvelles compagnies qu'on avait levées pour le
Chili. Attirée vers lui par un sentiment qu'on ne peut quali-
fier, car cette femme extraordinaire semble avoir constam-
ment repoussé tous ceux que la nature inculque dans l'âme
la plus vicieuse, elle devint bientôt l'amie de don Miguel de
Erauso, qui, ne voyant en *Ramirez de Gusman* qu'un jeune
compatriote brave et résolu, à un âge qni tenait encore à
l'adolescence, lui accorda non seulement son amitié, mais la
protégea, et contribua puissamment à lui faire obtenir le ti-
tre d'*alferez* après la bataille de Puren, où elle fit en effet des
prodiges de courage...

C'est merveille, en vérité, que de suivre cette femme au
milieu de la mêlée, lorsqu'elle voit les Indiens entourer la
bannière de la compagnie :

—En avant !... crie-t-elle à ses camarades.

Deux seulement la suivent. Au bout de quelques pas l'un
des deux tombe percé de cinq flèches. Catalina entraîne celui
qui reste, et se fait jour, avec son sabre et son poignard, jusqu'au *Cacique*, qui avait pris la bannière espagnole ; le soldat qui la suivait tombe à côté d'elle... elle reste *seule*...
seule elle attaque ; *seule* elle combat ; *seule* elle reprend la
bannière des mains du cadavre du Cacique, qu'elle a tué *seule*
aussi... et quand ses camarades accoururent pour la délivrer,
elle revenait triomphante, mais blessée et couverte du sang
ennemi et du sien... atteinte par trois flèches, elle avait reçu
un coup de lance dans le côté gauche et un coup de sabre sur
une jambe.

La bannière qu'elle avait sauvée était celle de la compagnie de don *Alonzo Moreno*... elle eut cette compagnie pour
récompense.

A cette bataille, dona Catalina se trouvant vis-à-vis un

chef indien, elle le pressa de telle sorte qu'il fut forcé de se rendre. C'était un renégat. Depuis long-temps sa tête était mise à prix par le gouverneur ; et d'après les ordres sévères de l'Inquisition, don Alonso de Ribeira voulait avoir le criminel, *vivant* surtout, pour l'envoyer en Europe. Catalina l'ignorait ; et jugeant qu'un renégat ne devait pas valoir beaucoup plus qu'un chien, elle pendit son prisonnier au premier arbre qu'elle rencontra. Cet homme se nommait don *Francisco Quispiguancha*...Le gouverneur, fâché de sa perte, ne nomma pas l'alferez *Alonzo Diaz* (Catalina) à la vacance de sa compagnie. Son capitaine ayant été tué, elle fut dans une sorte de disgrâce, et envoyée avec peu de monde au *Nacimiento*, garnison dangereuse, où jamais il n'y avait un moment de repos, et où la nuit même elle ne pouvait dormir que les armes à la main. Cependant, d'après les relations du temps, d'après elle-même, elle était heureuse au milieu d'une existence que tout autre eût regardée comme infernale. Pour elle le cri des mourans n'avait rien de lugubre, la vue dn sang rien d'horrible.

Elle aimait le jeu avec une passion insensée... mais la violence de son caractère l'y rendait insupportable à tous ceux qui n'y cherchaient qu'un amusement. Un jour, peu de temps après son retour à la Conception, étant dans une maison de jeu, elle avait de l'humeur parce qu'elle perdait... Il y eut discussion sur un coup... le banquier voulut parler, elle lui imposa silence... il répliqua par une telle injure que Catalina devint insensée de colère :

—Ose répéter ce mot !... s'écria-t-elle.

Le malheureux le répète !... Il n'avait pas achevé que l'épée de Catalina lui traversait le cœur... Dans ce moment entrait un jeune noble castillan, don Francisco Parraga, qui était auditeur-général au Chili ; avec l'autorité que lui donnaient son rang et sa charge, il ordonna à l'alferez de sortir à l'instant... Catalina le regarda avec dédain, et pour toute

réponse tira sa dague, tandis que sa main droite était toujours armée de son épée, dont la lame fumait encore du sang
du malheureux banquier... Don Francisco réitéra son ordre
d'un ton plus formel, et en même temps il saisit Catalina par
le haut de son pourpoint pour la forcer à obéir. En sentant
la main de cet homme toucher sa poitrine, elle redevint
femme pour un moment... puis l'homme cruel vengea la
femme offensée !... elle leva le bras gauche toujours armé de
sa dague, et d'un seul coup, frappé au milieu du visage,
elle lui traversa les deux joues avec la lame de son poignard.
Alors, regardant d'un air terrible autour d'elle, et toujours
armée de son épée et de sa dague, elle s'élança dans l'escalier
et disparut avant qu'on pût retrouver assez de résolution pour
l'arrêter.

Mais pour être hors de cette maison, Catalina n'était pas
sauvée. L'homme qu'elle venait surtout de frapper serait redoutable, lui aussi dans sa vengeance !... Elle le comprit, et
sa première fureur apaisée, elle connut tout son péril; il n'é-
tait qu'un moyen de le balancer; c'était de se retirer dans l'é-
glise cathédrale, et de là dans le couvent de San-Francisco.
A peine en effet y était-elle entrée, que le gouverneur y arriva sur ses pas. N'osant violer le droit d'asile, il fit entourer
le monastère par ses soldats. Catalina fut ainsi cernée pendant six mois... Il était sans doute étrange pour elle, mais
pour ELLE SEULE QUI SE CONNAISSAIT POUR RELIGIEUSE APOSTATE !...
de se voir assiégée dans un lieu saint, non pour la violation
de ses premiers sermens, mais pour avoir tué deux hommes
avec sa main de femme et son cœur de tigre.

Elle avait pour ami dans son régiment, don Juan de Silva,
alferez d'une autre compagnie. Un jour il vint la trouver :
elle était seule et triste, et se promenait sous les sombres ar-
cades de la cathédrale en blasphémant contre cette réclusion
qui commençait à lui devenir trop pesante à supporter. Don
Juan avait eu une querelle le matin même, et une querelle

tellement sérieuse, que la satisfaction ne devait pas être remise au lendemain ; et le soir même, à onze heures, au lever
de la lune, les deux adversaires devaient se rencontrer dans
un bois, à quelque distance des remparts.

— Mais je n'ai pas de témoin, dit don Juan, et je te prie
de m'en servir.

La nonne tressaillit à cet appel, cette confiance en son
courage... et puis une pensée se plaça entre elle et son ami...
ses sourcils se froncèrent, elle regarda don Juan d'un air de
doute... elle craignit qu'il ne voulût la livrer.

— Pourquoi se battre dehors, et à cette heure ? dit-elle en
attachant sur les siens ses deux yeux toujours brillans d'un
feu sombre.

Don Juan ne lui répondit pas ; à l'expression de son regard, à l'inflexion de sa voix, il l'avait devinée.

— Alonzo, lui dit-il en se levant, puisque tu me refuses,
j'irai seul : Je n'avais, *moi*, de confiance qu'en toi.

— J'irai ! j'irai ! s'écria Catalina.

Dix heures sonnaient à l'horloge du couvent lorsque don
Juan vint la prendre ; ils étaient enveloppés tous deux dans
de vastes capas de couleur brune, sous lesquelles étaient
leurs épées, et leurs *sombreros* cachaient entièrement leur
visage.

— Ces précautions eussent été plus nécessaires un autre
jour, observa Catalina, comme ils trébuchaient tous deux à
chaque pas, tant l'obscurité était profonde.

En effet, la lune n'était pas encore levée, le temps était
couvert et orageux, et l'on ne voyait aucune étoile au ciel.
Ils trouvèrent l'adversaire de don Juan et son témoin qui les
attendaient. Celui qui allait se battre avec don Juan était un
chevalier de Saint-Jacques, nommé don Francisco de Rojas.
Lorsqu'il aperçut ceux qui venaient à lui, il s'avança sur la
lisière du bois, ôta son manteau, jeta son sombrero, et s'a-
dressant à don Juan, il lui observa que tout accommode-

ment étant impossible entre eux, ils ne devaient pas perdre en paroles inutiles un temps que leur vengeance pouvait mieux employer. Don Juan salua en silence, et ne répondit qu'en tirant son épée et en engageant le fer.

Pendant ce temps, les deux parrains, sur la lisière du bois mais à la portée de leurs amis, gardaient leurs capas et leurs sombreros en cherchant à se cacher l'un à l'autre, surtout l'alferez. Il se seraient peut-être quittés sans se connaître, si, voyant chanceler don Juan, l'alferez ne s'était écrié :

— C'est le coup d'un lâche et d'un déloyal !

— Tu en as menti !... répondit le parrain du chevalier de Rojas.

Catalina s'avança la main haute et armée de sa dague... aussitôt deux fers brillèrent dans l'ombre... et le silence de la forêt, qui jusque-là n'avait été troublé que par le bruit de ceux qui se cherchaient à mort, le fut de nouveau par un combat livré sans autre motif que celui suscité par une femme toujours avide de sang et de querelle... Mais à peine les fers étaient-ils croisés, que l'adversaire de la nonne tomba, et se sentant frappé à mort, il demanda un prêtre... A ce cri d'agonie, Catalina se trouva vulnérable pour la première fois... elle crut reconnaître cette voix... elle se pencha sur le moribond, et à la clarté douteuse de la lune qui venait de se lever, elle reconnut un visage qui la fit frissonner.

— Qui donc es-tu ? demanda-t-elle à sa victime...

— Le capitaine Miguel de Erauso ! répondit le mourant.

La malheureuse avait tué son frère !...

Poursuivie par les furies, elle quitta ce lieu d'horreur où ne gisaient que des cadavres ; car, au même instant, don Juan et don Francisco tombaient sur le fer l'un de l'autre... et tous deux expiraient au milieu de mutuels blasphèmes... Catalina revint au couvent toujours en courant, et supplia deux religieux de porter sur cette scène sanglante les secours de l'âme et du corps... Don Miguel était le seul qui vécût encore... mais le coup avait été donné par une main trop habile pour n'être pas mortel. On le transporta chez le gouverneur, dont il était secrétaire... Il expira peu de momens après... mais avant de mourir il nomma son meurtrier, et demanda vengeance, car il l'avait reconnu.

— Celui qui m'a tué, dit-il au gouverneur penché sur lui, c'est l'alferez Alonzo Diaz...

Le gouverneur aimait Miguel de Erauzo. Déjà fortement irrité contre Catalina pour les deux meurtres du banquier et de l'auditeur-général, il prétendit avec raison que le droit d'asile avait un terme. Il prit une compagnie, et s'en fut sommer le supérieur du couvent de San-Francisco de lui remettre *l'alferez Diaz*. Les moines, jaloux de leurs priviléges, répondirent à sa sommation par un refus. Le gouverneur insista ; mais le supérieur, nommé Fray *Francisco* de *Otalora*, montra l'intention d'une telle résistance, que le gouverneur fut contraint de se retirer, ce qu'il fit, mais en laissant des gardes autour du monastère... Qu'auraient dit les religieux , s'ils avaient su que l'être pour lequel ils venaient de s'exposer à la vengeance d'un homme puissant était une femme ! .. une religieuse !...

Don Miguel fut enterré dans le couvent même. Souvent sa sœur allait prier sur son tombeau... Ces momens étaient affreux... et devaient l'être en effet... Dans une âme comme celle de cette femme le remords devait être le sentiment le plus hideux qui pût surgir au dessus de tous ceux qui agitaient cette âme.

Enfin sa condition devint si misérable, lorsque le huitième mois de cette captivité étrange fut écoulé, qu'elle résolut à tout prix de s'en délivrer. J'ai déjà dit qu'elle était une femme de résolution et de courage, elle le prouva.

Pour être sauvée, elle devait aller dans un autre gouvernement, et celui du Tucuman était le seul où elle pouvait trouver asile ; mais pour y arriver, il n'y avait pour Catalina qu'un seul chemin, car son signalement était donné sur tous les autres, et ce chemin était impraticable. Il fallait traverser les Cordilières des Andes, dans leur partie la plus aride et la plus sauvage..... passer à travers des glaces éternelles, où la mort l'attendait peut-être.

— Je sais tout cela, dit-elle à don Juan Ponce de Léon qui lui faisait ces objections ; mais si la mort *est peut-être* LA ! poursuivit-elle en étendant les mains vers les montagnes, elle est SÛREMENT ICI...

Ponce de Léon assura son évasion ; puis lui ayant donné un cheval, des armes, des munitions, quelques provisions et un peu d'argent, elle s'avança dans ce désert, où elle avait une presque certitude de trouver la mort.

Catalina n'était encore qu'à quelques journées de la Conception, lorsqu'elle trouva deux soldats sur sa route... Une telle rencontre, et dans un pareil lieu, devait éveiller ses craintes... Elle leur en donnait aussi, et ils s'abordèrent avec une égale défiance. Ces deux hommes étaient deux malfaiteurs qui fuyaient la potence... Catalina ne vit en eux ni l'assassin ni le bandit, mais deux hommes qui mourraient plutôt que de se laisser prendre... c'était ce qu'il lui fallait... Elle avait sur eux l'avantage de la pensée, cet avantage immense et au dessus de tout autre : elle en usa pour se les assujétir, et les soumettre à son obéissance...

Ils suivirent long-temps le bord de la mer... Dans ces lointains déserts, on ne trouve même pas la hutte roulante d'un berger nomade... la cabane d'un pêcheur... Rien n'est habité, et cela dans l'étendue d'une de nos provinces !... On ne voit que des sables arides coupés par d'immenses flaques d'eau, semés de quelques touffes d'algues marines d'un vert noirâtre... et rien... rien qui rappelle la vie... rien qui rappelle l'homme... et cette partie du voyage était la plus facile.

Bientôt les vivres qu'ils avaient emportés furent épuisés ; ils tuèrent un de leurs chevaux... puis un autre... puis le

troisième; enfin cette ressource, la dernière de toutes, s'é-
puisa aussi... Ils se trouvaient alors dans la partie la plus
sauvage des Cordilières... Depuis la veille ils étaient entrés
dans une region glacée qui ajoutait aux maux qu'ils souf-
fraient déjà... Ils pouvaient à peine marcher... ils se traî-
naient en s'appuyant contre les rocs glacés... Catalina était
la plus forte des trois...

Tout à coup un cri de joie échappe à l'un des fugitifs...
il voit un homme... cet homme le regarde... il lui sourit !...
Le soldat ne peut que le montrer à ses compagnons, et
tombe sur la neige en appelant à son aide... Catalina a vu
aussi l'homme que lui montre son compagnon... elle en voit
même un autre... elle les appelle, leur parle en la langue du
pays, car ce sont des Indiens.... mais ils ne répondent pas...
ils demeurent toujours immobiles... toujours rians... ap-
puyés contre un bloc de glace... Catalina s'approche... Les
malheureux sont morts !... Ils sont là gelés... la bouche ou-
verte et riant du rire de l'agonie... du rire des damnés... Catalina s'éloigne, en courant, de ce spectacle d'horreur... Un
autre l'attendait... Celui de ses camarades qui s'était laissé
tomber sur la neige ne devait plus se relever... il venait d'expirer... Le cœur de Catalina n'était pas de ceux que le malheur trouve exorables... elle jeta un regard vague sur le cadavre gisant à ses pieds, puis elle dit à l'autre soldat : —
Marchons !

Le lendemain la température était encore plus froide...
Catalina souffrit à croire qu'elle aussi allait expirer; mais
elle devait encore fournir une longue carrière, et, ce jour-
là, le sacrifice que pouvait réclamer la justice de Dieu ne fut
pas accompli par elle. Ce fut son compagnon qui, vers le
soir, au coucher du soleil, pleurant de l'excès de ses souffrances, se coucha sur la terre, et rendit l'âme en demandant pardon à Dieu.

En se voyant seule dans ce désert, Catalina fut enfin soumise par la terreur... Elle frémit en tournant autour d'elle un regard auquel RIEN ne répondait... qui, pour se reposer, n'avait qu'un cadavre ! et dans le cœur de la nonne apostate, le remords commença à gronder... elle s'assit et pleura !... C'était LA PREMIÈRE FOIS de sa vie entière !... et elle avait alors vingt-huit ans !

Mais l'attendrissement, même sur elle-même, ne pouvait long-temps distraire un esprit comme le sien de sa position... Elle se leva... s'approcha du cadavre, le regarda quelques momens avec une froide attention. Puis, comme si une pensée subite l'eût frappée, elle se baissa sur le mort, le fouilla, et prit l'argent qu'il avait sur lui. Puis elle continua sa route en disant son rosaire :

« *Me recommandant à la très-sainte Mère de Dieu, et à saint Joseph son glorieux époux.* »

A peine eut-elle fait une lieue, qu'elle s'aperçut d'une différence remarquable dans la température. L'air était moins âpre... elle sentit un vent tiède lui frapper le visage... elle vit des arbres... elle vit un pays cultivé... elle était enfin sortie du Chili, et était entrée dans le Tucuman... Bientôt elle vit venir à elle deux hommes à cheval.

Il ne me vint pas dans la pensée, dit-elle, que ces hommes fussent amis ou ennemis... c'étaient deux créatures humaines... Mais quand je leur parlai... quand je vis qu'ils étaient chrétiens... je crus voir le ciel ouvert.

Ces hommes la conduisirent à leur maîtresse, qui était veuve, et vivait sur son habitation avec deux filles. Catalina, accueillie par cette famille, redevint bientôt ce qu'un peu de repentir avait un instant effacé... Elle se divertit avec le repos de l'une des filles de la veuve... La pauvre femme proposa à Catalina de devenir son gendre : Catalina accepta. Les préparatifs se firent... toute la famille fut à Tucuman ; on s'y amusa beaucoup en attendant le jour de la noce... Puis Catalina monta un matin sur sa mule, et on ne la revit plus...

De Tucuman elle fut au Potosi. Là, et pour se mieux dérober aux recherches, elle devint intendant d'un homme riche et puissant, *don Juan de Lopez de Arguijo.* Mais en laissant le hausse-col, Catalina ne pouvait changer d'humeur. On se battit dans les rues de la ville pour une émeute ; et il fallut qu'elle fût de la fête. Obligée de quitter le Potosi, elle reprit du service avec un grade supérieur, et partit pour une expédition contre une tribu indienne, sur la rivière *la Dorade*... Après plusieurs combats, où elle eut assez de butin pour désirer jouir de quelque repos, elle demanda un congé qu'elle n'obtint pas, et tout aussitôt elle déserta avec plusieurs autres, et s'en fut dans la province de *las Charcas,* puis à *la Plata.* Là, après avoir dépensé son argent,

« Algunos *realejos*, que poco'a poco y en breve vine a perder, »

ce qui lui arriva au jeu très-probablement, Catalina fut compromise dans une affaire de haute importance dans ses suites, et dont l'origine n'avait été que la querelle de deux femmes de haute condition, dont l'une était la nièce du comte de Lemos... Cette femme, dona *Francisca Marmolejo*, reçut un coup de couteau au travers du visage, à la suite de la querelle qu'elle avait eue avec la marquise de Chaves, *protectrice* de *Catalina* ou de *l'alferez Alonzo Diaz*... Cette affaire fut grave, et jamais on n'a pu savoir la vérité. Catalina emprisonnée, MISE A LA QUESTION, n'avoua rien, et *ne laisse qu'entrevoir dans la relation de sa vie*... Enfin elle sortit de prison, et fut exilée seulement du Chili et de la Plata... Elle retourna *à las Charcas*... Là, se trouvant un jour chez don *Antonio Calderon*, cousin de l'évêque, et jouant avec lui, le proviseur et un riche négociant de Séville, il s'éleva une querelle relativement au jeu ; les injures suivirent bientôt. Catalina dans ces circonstances tirait toujours sa dague ou son épée... Cette fois, comme dans la querelle avec l'auditeur, elles le furent toutes deux, et le malheureux négociant

de Séville fut une nouvelle victime de sa passion déréglée...
La justice accourut... Catalina se défendit... reçut deux blessures, et réussit enfin à s'échapper... Elle se réfugia, comme
toujours, au pied de l'autel... à l'ombre de la croix... et
pourtant jamais elle n'avait un remords devant tant d'indul-
gence!...

Elle partit pour Piscobamba... Dans cette dernière ville,
elle eut encore une querelle au jeu avec un Portugais, don
Fernando de Acosta. Il paraît que cette passion était devenue
chez cette femme une folie forcenée, qui, jointe à son naturel
féroce, la rendait alors un être vraiment aussi repoussant
que redoutable... Des injures et des menaces furent les seules
marques de colère qu'elle donna dans cette soirée... Le Portugais ne répondit pas... Mais, deux jours après, Catalina
rentrant chez elle au milieu de la nuit, fut attaquée par un
homme qu'elle reconnut pour être don Fernando d'Acosta.
Elle ne fut pas blessée; mais plus heureuse que lui, elle le
tua... Arrêtée pour ce meurtre, mise encore à la question,
niant toujours avec une fermeté inconnue même dans
l'homme le plus fort, elle fut condamnée à *être pendue*, et
persista néanmoins toujours à ne pas révéler son sexe, ce qui
pourtant pouvait la sauver. Conduite au pied de l'échafaud,
elle soutint son caractère jusqu'au dernier moment... elle
apostropha le bourreau, qui ne savait pas apprêter la corde.

— Mets-la bien, lui dit-elle... ou laisse-moi... ces pères
suffiront bien pour cela...

Elle avait refusé de se confesser...

Au moment où elle allait mourir, sa grâce arriva de la
Plata... Elle avait là de grandes protections depuis l'aventure
de dona Francisca... On prétendit que les témoins étaient
faux, et Catalina fut entièrement graciée.

Tant de malheurs, de traverses, et surtout de dangers,
auraient dû la rappeler à une vie plus régulière; mais sa destinée l'entraînait. De nouveaux voyages amenèrent encore

de nouveaux crimes. Cette femme après avoir renié sa mission dans ce monde, était devenue un être d'une nature tout étrange, mais effrayante, dont les vices étaient l'âme et la vie. Elle était cruelle ; et lorsqu'une action avait un but honorable, elle l'exécutait à regret.

Etant à Cochabamba, elle passait un soir devant la maison de don Pédro de Chavarria, dont la femme, dona Maria d'Avalos, était jolie et aimable personne. Catalina allait souvent dans cette maison. Un jour, passant devant la porte, elle entendit une grande rumeur au dedans... Dans le même instant deux moines descendaient rapidement ; ils s'arrêtèrent au dessous d'un petit balcon dont la fenêtre s'ouvrit ; ils aidèrent *dona* Maria d'Avalos à en descendre, la mirent en croupe sur la mule de Catalina en lui disant :

— Emmenez-la, au nom de Dieu ! son mari l'a surprise avec don Antonio Caldero, neveu de l'évêque... Il a tué le gentilhomme... maintenant il veut tuer sa femme... sauvez-la, seigneur capitaine ! sauvez-la !...

Et sans attendre une réponse, le moine donna un coup de son cordon à la mule, qui partit aussitôt au galop, et Catalina se vit engagée dans une aventure sans avoir eu le temps d'accepter ou de refuser... Tandis qu'*ils* cheminaient, elle entendait derrière elle la pauvre jeune femme qui sanglotait et qui pleurait amèrement, car ses larmes tombaient sur les taches toutes fraîches du sang de son amant qui venait d'être tué pour elle !... et dans ses bras !...

— Mon Dieu ! murmurait-elle, pourquoi donc me sauvé-je ?... je voudrais tant mourir aussi !...

Catalina eut une sorte de pitié de cette profonde douleur : sa bouche était peu faite à proférer des paroles consolantes... Cette fois elle en trouva de naturellement douces qui furent entendues de l'âme en détresse de la jeune femme ; elle sut l'occuper de son danger immédiat, et lui demanda où elle voulait être conduite. Dona Maria avait sa mère à la Plata, religieuse dans un couvent qu'elle avait fondé ; elle désira se réfugier près d'elle : Catalina prit donc le chemin de la Plata. Mais, arrivées au bord du fleuve, elles ne trouvèrent ni bateau ni batelier : la mule de la nonne n'était pas la jument Sonnante d'Hamilton, et il fallait cependant passer, car depuis qu'ils étaient arrêtés au bord du fleuve, l'oreille exercée de *l'alferez* avait saisi quelques sons éloignés apportés par la brise fraîche dans une de ces nuits si belles du Nouveau-Monde où la nature est à la fois si paisible et si animée: il fallait franchir la rivière, car ce bruit pouvait être causé par le galop du cheval de don Pedro...

— Recommandez-vous à Dieu, dit Catalina à dona Maria... nous allons passer.

Elle lança sa mule dans le fleuve, et en effet *ils* passèrent... Après avoir pris un peu de repos dans une *venta*, ils repartirent pour la Plata... Au moment où dona Maria rendait grâces à Dieu, en apercevant les tours de la cathédrale, le galop d'un cheval se fit entendre derrière eux, et deux coups d'escopette leur envoyèrent deux balles, dont l'une traversa *la golille* de Catalina, l'autre emporta une boucle des cheveux de dona Maria... c'était don Pédro qui les suivait... mais son cheval paraissait accablé !

— Vamos !... vamos !... s'écria Catalina. Et pressant sa mule, elles arrivèrent enfin au couvent de la mère de la jeune femme, qui la reçut en ses bras sauve de tout péril et de toute offense.

Prête maintenant à donner toute satisfaction à don Pédro, l'alferez, prudente pour la première fois de sa vie peut-être, ne voulut ni l'éviter ni le chercher... mais elle se promena sous le porche de l'église en sortant de la *Porteria*. Elle y était depuis quelques minutes, lorsqu'elle vit venir à elle un homme tellement ivre de colère, que, sans s'arrêter au lieu où ils se trouvaient, il mit l'épée à la main, et tomba sur Catalina, qu'il accabla des plus violentes injures, l'attaquant avant qu'elle pût se mettre en garde, et la blessa assez fortement... Il était rare qu'elle fût prise en défaut; elle recula de deux pas, tira son épée à son tour, revint comme une lionne furieuse sur don Pédro, et lui donna un coup de pointe qui le fit tomber presque mort sur les marches de l'autel, qu'il couvrit de son sang, car, dans l'excès de leur mutuelle rage, ils n'avaient songé l'un ni l'autre qu'ils étaient dans l'église. Catalina perdait aussi son sang. Déjà le peuple murmurait, on allait l'emmener, lorsque deux religieux franciscains, envoyés par la mère de dona Maria d'Avalos, la mirent entre eux et l'emmenèrent à leur couvent, où elle fut soignée jusqu'à sa parfaite guérison.

Cette action est *l'unique* dans toute sa vie, d'ailleurs si aventureuse, qu'elle ait faite sans un but personnel pour sa gloire ou son intérêt; et encore fut-elle entreprise presque contre sa volonté... c'est un fait bien remarquable.

A quelque temps de là, ayant été à *Cuzco*, elle y fut arrêtée pour le meurtre du corrégidor don Luis Godoï, homme de haute naissance et de grand mérite. Elle en était innocente; mais la réputation de l'alferez Alonzo Diaz (Catalina) était tellement entachée de querelles sanglantes, qu'il était tout simple que le soupçon l'atteignît. Cependant le vrai coupable fut découvert; et après avoir passé cinq mois au cachot, *elle* fut mise en liberté.

Son humeur farouche redoubla de férocité en sortant de cette prison injustement imposée... Elle se plongea dans les excès les plus effrénés, se croyant en droit de lutter maintenant avec le sort et de lui rendre crime pour punition... Dans ce même temps le ciel lui en préparait une terrible.

Elle était dans la disposition d'esprit que je viens de dépeindre, lorsqu'elle arriva à *Cuzco*. Elle était un jour à jouer chez le trésorier de la couronne, chez lequel elle demeurait, lorsqu'elle vit entrer un homme qui alors était en grand renom d'élégance et de bonnes fortunes dans le beau monde de

Cuzco. Il était jeune, il était beau, fier, et jusque-là tellement tenu pour vaillant, qu'on lui avait donné le surnom de
NOUVEAU CID. C'était surtout ce dernier nom qui déplaisait à
Catalina ; elle avait de la haine pour le Cid ; et lorsqu'on lit
sa vie, écrite par elle-même, on en voit clairement la vraie
cause : toutes les fois qu'elle se trouvait en contact avec lui,
il en résultait une scène désagréable.

Le soir dont il vient d'être parlé, le CID s'approcha de la
table où elle jouait ; elle fronça ses épais et noirs sourcils ;
et cette physionomie, déjà sombre et sinistre, devint effrayante... Le Cid demeurait toujours près d'elle, et sa main
se posait même sur son or, soit qu'il le fît sans y donner plus
d'attention, soit qu'il agît ainsi pour la braver... Elle ne dit
rien, et continua son jeu. Tout-à-coup elle tire sa dague, et
d'un coup terrible CLOUE la main du CID sur la table !...

— Que personne ne s'approche, s'écrie-t-elle en tirant son
épée, il me VOLAIT... je l'ai VU !... et je l'ai puni.

Mais elle fut aussitôt accablée par le nombre ; et avant
d'avoir atteint la porte elle avait reçu trois blessures. Elle
parvint néanmoins à gagner la rue; alors elle se trouva plus
forte, et ses amis vinrent se ranger autour d'elle... Ils for-
mèrent *armée* contre *armée*, car le CID, qui avait décloué sa
main, était sorti furieux à la tête de vingt de ses partisans ;
et cherchant l'alferez Diaz, il ne respirait que mort et vengeance.

Comme ils se rendaient tous en un lieu plus retiré, et passant devant l'église de San-Francisco, le CID s'élança lâche-
ment sur Catalina, et lui donnant un coup de sa dague, il lui
traversa l'épaule de part en part... En même temps un autre
lui donna un coup d'épée dans le flanc gauche... à cette dernière blessure elle tomba perdant tout son sang, et perdit
connaissance.

Pendant qu'elle se mourait, la rumeur continuait autour
de son corps... ce bruit d'*estocadas* et de *punelatas* la rap-

pela à elle-même : elle ouvrit les yeux... regarda autour d'elle, et aperçut le CID, qui, debout sur le haut des marches de l'église, les bras croisés sur sa poitrine, regardait avec un sourire de triomphe les amis de l'alferez vaincus par les siens. Ainsi posé, il semblait un archange victorieux !... A cette vue, Catalina rassembla dans un seul effort tout ce qui lui restait de vie. A sa volonté son sang cessa de couler... elle rampa parmi les cadavres jusqu'au pied des marches de l'église... Lorsqu'elle y fut arrivée, alors elle se dressa tout-à-coup, et apparut toute sanglante aux yeux de son ennemi, qui recula épouvanté :

— Ah ! s'écria-t-il, tu vis encore !... Et levant sa dague il courut sur elle... Mais avant que son bras retombât, lui-même était frappé à mort, et son corps roulait au bas des marches de pierre de la cathédrale, parmi ceux de ses amis et de ses ennemis... Pour Catalina, elle semblait n'avoir attendu que l'exécution de sa vengeance ; elle tomba en même temps que celui dont elle venait de faire un cadavre... tous deux se tordant et se mourant comme deux reptiles dans leur sang confondu.

Cependant Catalina fut sauvée... ce fut un moine, *Fray Luis Ferrer de Valencia*, qui la soigna et à qui elle déclara son sexe sous le sceau de la confession. Sa guérison fut longue... Pendant cinq mois elle fut sur un lit de souffrances... Enfin elle guérit... Mais elle était entourée de dangers qui ramenaient la mort autour d'elle sous mille formes différentes et faites pour donner de l'effroi même au cœur le plus intrépide, parce qu'une attaque mystérieuse, derrière laquelle la mort se blottit, est toujours effrayante : les amis du Cid avaient juré de le venger... ils l'avaient juré sur son corps encore chaud, et Catalina devait succomber... Elle avait aussi des amis; ils l'engagèrent à quitter Cuzco, et une nuit elle en sortit dans une litière, car elle était faible encore, bien escortée par ses esclaves, bien armée, et se dirigeant vers les provinces du sud.

Elle voyagea ainsi plusieurs mois, plus tranquillement qu'elle n'avait coutume de le faire ; il était évident que cette longue et douloureuse maladie avait changé non seulement ses habitudes, mais son caractère. Elle était triste, et souvent on la surprenait rêvant et priant... Il est probable que l'apparition de la mort assise si long-temps à son chevet, et ne l'abandonnant qu'après une longue lutte, l'avait enfin trouvée vulnérable. Ce fut vers ce temps, au milieu de cette faiblesse prolongée, et produite par cette immense perte de sang échappé de ses veines par HUIT blessures reçues dans ce dernier combat, qu'elle résolut d'aller à *Guamanga* pour voir l'évêque de cette ville, dont la renommée était fameuse dans toutes les Indes.

Dans toutes les relations qui parlent de la *Monja Alferez,* il est question d'une aventure assez remarquable, et qui la place bien dans le jour qui convient à cette étrange figure.

Elle était à Guancavélica, se promenant dans la ville, et venait de saluer le docteur *Solorzano*, alcade de Corte de Lima, lorsqu'elle remarqua qu'un alguazil tournait la tête en passant près d'elle ; et joignant aussitôt l'alcade, il lui montra un papier qu'ils lurent tous deux en regardant de son côté. Comme *l'alferez* était dans une position à tout redouter, *elle* prêta une grande attention à ce qui se passait. L'alguazil revint autour d'elle, et la salua profondément, ce que, d'après son propre dire, elle lui rendit au double. Mais elle s'aperçut qu'elle était suivie, parce que, voulant aller du côté de la campagne, elle vit presque à ses côtés un nègre qui ne la quittait pas. Comme le danger était notoire, et que déjà l'alguazil revenait à elle avec deux de ses camarades, elle songea à se débarrasser du nègre... il suffit pour cela de lui montrer la bouche d'un pistolet ; l'autre se coucha à plat ventre dans la poussière. Alors Catalina prit sa course et sortit de la ville... A cent pas de la porte elle trouva un nègre qui menait un cheval par la bride... Le jeter de côté, monter sur le cheval, que depuis elle sut appartenir à l'alcade de Corte Solorzano... prendre au plus rapide galop la route de Guamanga fut l'affaire de quelques instans; et lorsque les alguazils arrivèrent pour la saisir, ils ne virent qu'un nuage de poussière élevé par la course de son cheval.

Arrivée à l'autre bord du fleuve Balsas, elle pensa qu'elle pouvait se reposer un moment; elle descendit de cheval, et s'assit sur le bord de l'eau : quelque temps après, trois hommes venant de Guancavélica arrivèrent sur la rive opposée, et entrèrent dans le fleuve pour le passer. Ces hommes lui étaient inconnus... Cependant, lorsqu'ils furent au milieu du gué, une sorte d'instinct les lui fit questionner; et eux, qui ne voulaient rien *affronter*, répondirent très-galamment.

—Où allez-vous ainsi, mes braves gens? leur dit-elle.

A quoi l'un d'eux lui répondit :

— Seigneur capitaine, nous allons vous prendre.

— Oh ! répondit Catalina en se levant aussitôt, cela ne se fait pas aisément!...

Et prenant deux pistolets qu'elle arma, elle les braqua sur eux.

— Vous ne me prendrez pas vivant, poursuivit l'alferez... Que voulez-vous faire ?

— Mon Dieu, seigneur capitaine, rien qui vous déplaise... mais notre devoir !... Nous sommes envoyés après vous.

— N'est-ce que cela ?... attendez.

La conversation se faisait ainsi; tandis que les trois sergens de ville de ce temps-là avaient les jambes dans l'eau du fleuve, au risque de se les faire manger par quelque crocodile... Ils ne voulaient la mort de personne; ce qu'ils demandaient, c'était de l'argent; Catalina les comprit : et tirant de sa bourse trois *doublons*, elle les déposa sur une pierre au bord du fleuve, salua très-poliment les alguazils, qui, cette fois, ne furent pas en reste pour le lui rendre de leur côté; puis, s'élançant sur le bon cheval de l'alcade de Corte de Lima, elle poursuivit sa route pour Guamanga.

Cependant lorsqu'elle fut arrivée dans cette ville , elle ne put se décider à aller d'abord chez l'évêque, et pendant quelques jours elle hésita sur ce qu'elle avait à faire ; mais le danger pressait. Elle était signalée comme assassin , comme homme dangereux , dans tous les gouvernemens de l'Amérique. Un jour le corrégidor de Guamanga reçut l'ordre émané de la vice-royauté de Lima, d'arrêter l'alferez *Alonzo Diaz Ramirez de Guzman* , il le mit à exécution. Mais Catalina , déterminée à mourir plutôt que de se rendre, se défendit comme le lion attaqué dans son antre. La lutte devint si terrible , que l'évêque qui passait non loin du lieu de la scène, intervint comme médiateur , et demanda que l'alferez eût son palais pour prison... Une fois près du saint prélat, Catalina, soit qu'elle fût vraiment touchée de repentir , soit qu'elle vit qu'il ne lui restait que ce moyen d'éviter l'échafaud , avoua TOUT à l'évêque !... D'abord le saint homme recula d'épouvante... puis il pardonna à la nonne infidèle, à la femme barbare... Il pardonna, parce que Jésus a pardonné... Elle en reçut l'absolution , mais à condition qu'elle reprendrait non seulement ses habits de femme , mais ceux de religieuse , et qu'elle entrerait dans un couvent , à Guamanga même. Catalina consentit à tout ; elle fut réconciliée à l'Église, et entra dans le couvent de Sainte-Claire, à Guamanga, l'année 1620.

A la mort de l'évêque , qui arriva peu de temps après , l'archevêque de Lima l'envoya chercher à Guamanga avec un train magnifique : elle était dans une belle litière , escortée par six *clerigos*, quatre religieux et six hommes d'épée. Elle logea dans le palais de l'archevêché ; et le lendemain, le viceroi, qui était alors don Francisco de Borja, comte de Mayalde, prince d'Esquilaci... *fut la voir* au palais archiépiscopal.

L'archevêque lui dit qu'il fallait entrer dans un couvent... elle demanda à voir tous ceux de Lima, avant de se décider; le prélat y consentit, elle les parcourut, demeurant quatre ou cinq jours dans chacun d'eux. Enfin elle se décida pour celui de la Sainte-Trinité de l'ordre de Saint-Bernard... Elle y demeura deux ans. Au bout de ce temps, elle reçut enfin une réponse à ce qu'elle avait écrit en Espagne ; on lui disait que, comme elle n'avait pas fait profession, si elle promettait de sortir du couvent avec des sentimens convenables à la religion, elle pouvait retourner en Espagne.

Elle quitta aussitôt l'Amérique. Elle partit de Carthagène avec la flotte commandée par *Thomas Larraspura*, en 1624. Pendant la traversée, elle eut une querelle au jeu, et fut obligée de changer de vaisseau... Sa faiblesse avait disparu... maintenant elle se portait bien, et le naturel était de retour avec ses mêmes passions et sa même haine de toute contrainte.

Elle aborda enfin à Cadix le 1ᵉʳ novembre 1624. De Cadix elle alla à Séville... et partout la foule la suivait au point de l'empêcher d'avancer.

— La Monja Alferez ! la Monja Alferez ! criait-on de toutes parts...

Elle voulait d'abord aller à Rome... elle passa par Madrid, mais sans se découvrir à personne. Elle fut à Pampelune, traversa une partie de la France ; et, arrivée en Piémont, fut volée, mise en prison, et contrainte à revenir en Espagne... Elle retourna donc à Madrid, présenta un mémoire au roi Philippe IV, lui demandant secours et assistance pour les services militaires qu'elle avait rendus aux Indes... Le conseil des Indes fut investi de l'affaire, et Catalina la suivit avec la même persévérance que tout ce qu'elle entreprenait. Il lui fut accordé une pension de huit cents écus pour le reste de sa vie, avec la permission de s'appeler : *el Alferez dona Catalina de Erauso.*

Elle partit enfin pour Rome. Urbain VIII occupait alors le siége. Elle lui présenta sa requête, et le saint-père lui expédia un bref dans lequel il la réconcilie entièrement avec l'Église,

L'AUTORISANT *à conserver toute sa vie l'habit d'homme*, à condition cependant qu'elle ne se servirait jamais d'armes offensives, qu'elle respecterait l'image de Dieu dans le prochain et craindrait *la vengeance de Dieu* (temiendo, dit-elle elle-même, *la ulcion* de Dios).

Elle raconte elle-même comment elle fut accueillie par tous les cardinaux et tous les seigneurs romains... Elle passa un mois à Rome, et pendant tout ce temps elle dîna tous les jours chez les premiers princes de l'Eglise. Enfin, après avoir vu officier le pape dans Saint-Pierre, le 26 juin 1626, elle revint en Espagne, en passant par Naples, excitant partout la curiosité la plus vive...

La fin de sa vie est maintenant plus obscure; cependant il est certain qu'elle reprit ses anciennes coutumes voyageuses, et qu'elle retourna en Amérique, en 1630, avec la flotte commandée par don Miguel de Echezarrete.

Après avoir lu la vie de cette femme extraordinaire, on n'éprouve pas seulement de l'étonnement!... c'est un sentiment qui va plus loin. L'étude du cœur humain se présente incomplète devant un tel phénomène, assemblage bizarre d'une valeur admirable, de tout ce qui compose le chevalier des temps antiques, même la force du corps, et puis dépouillée des moindres qualités de la femme! Parfaitement chaste dans sa conduite, elle comprit cette pudeur native qui naît cependant avec nous, et ne la viola jamais. Ce ne fut que de cette manière qu'elle sut conserver une nuance de sa mission de femme en se gardant pure au milieu des désordres et des vices que lui offrait la vie des camps dans le Nouveau-Monde. Et cette physionomie de cette partie de son existence n'est pas le sujet le moins important qui contribue à la faire considérer comme un des monumens les plus rares de l'histoire espagnole pendant le XVIe et le XVIIe siècle.

LA DUCHESSE D'ABRANTÈS.

SAGONTE.

Washington-Irving a raison; l'Espagne c'est presque l'Afrique; ces longues et monotones plaines, incultes et silencieuses; ces mornes stériles, qui élèvent leurs têtes chenues à l'extrémité de sauvages déserts; çà et là un *vaal* formé de quelques misérables huttes où végètent de pauvres pasteurs à la figure noire, au teint hâve, plus misérables encore que leurs demeures : voilà le tableau vrai de plusieurs parties de la Castille, de la Manche et de l'Estramadure. Mais voulez-vous retrouver à la fois les sites pittoresque de la Suisse, la poétique luxuriance de l'Italie? voulez-vous revoir les Apennins dans toute leur majesté? la terre de Labour dans toute sa richesse? franchissez les *cabrillas*, parcourez les vallées ombreuses d'Alcublas et du Molinas, abordez cette riche huerta de Valence, dont aucun pays du monde n'égale la fertilité. Là s'élèvent au loin les mille clochers de ces mille villages qui se pressent et se donnent la main ; là se croisent et s'enlacent les cent rivières, murmurantes filles du Guadalaviar, portant partout la fraîcheur, la vie et la fécondité ; mais, à l'extrémité de cette riche plaine et au dessus du bois d'oliviers qui la termine, arrêtez-vous et contemplez ce rocher qui s'élève à pic, ce petit mur qui le couronne ; c'est là qu'Annibal et ses cent cinquante mille soldats virent consommer le plus auguste sacrifice. C'est Sagonte et sa citadelle.

Le sanglant holocauste offert par une population entière qui se dévoue à la foi jurée, offre un de ces actes héroïques purs et dépouillés de tout calcul que le froid scepticisme de l'historien ne peut confesser qu'en l'admirant. Une pierre noircie par le feu, dans ce sanctuaire consacré par un dévoûment qui n'eut pas d'exemple et n'aura pas d'imitateurs, parle plus haut que les plus majestueuses ruines, et Rome avec ses colysées, ses arcs triomphaux et ses imposans trophées, n'a peut-être rien d'aussi grand et d'aussi sublime : car tandis qu'au Forum on délibérait, on mourait pour Rome à Sagonte ; *Dùm Romæ consulitur, Saguntum expugnatur.*

Annibal et ses hordes numides, maîtresses d'une grande partie de la Péninsule, se présentent devant ce rocher. Fidèles à leur alliance, les Sagontins refusent d'ouvrir leurs portes ; en même temps ils demandèrent des secours à Rome. Le sénat, au lieu d'une armée, envoie des députés vers Annibal ; une telle réponse dissolvait l'alliance. Les Sagontins y persistèrent pourtant, et aimèrent mieux périr que de céder à l'ennemi commun. Les hommes voulurent mourir en guerriers, les femmes en héros. Pour les uns, la nuit, une sortie, la confusion d'une rencontre où leurs ennemis, en les immolant, s'immolèrent entre eux ; pour les

femmes, le poignard et le feu ; et dans cette héroïque *sontie*
(pour emprunter à l'Inde un mot qui manque à notre langue), femmes, enfans, vieillards, objets précieux, tout est
consumé en une nuit; et le lendemain, au revers de ce rocher qui lui défendait de passer outre, Annibal, aux pre-
mières lueurs du jour, n'aperçut plus que des cendres fu-
mantes : Annibal n'avait pas vaincu! Ne doit-on pas fouler
d'un pas religieux un aussi vénérable sanctuaire? Et dans
un temps où le dévoûment n'est pas compris, ne faudrait-il
pas, en fouillant les cendres du bûcher qui consuma tant de
cœurs généreux, tenter de retrouver encore les étincelles du
feu sacré qui les anima?

La ville actuelle (*Murviedro*, le vieux mur) n'est plus
qu'une forte bourgade assise au pied du rocher que couvre
encore la citadelle. Rien n'y rappelle le passé ; seulement ;
dans les soubassemens de l'église, des tables de marbre in-
crustées trahissent le séjour de la domination romaine,
tandis qu'une mosquée, transformée en chapelle, décèle à
quelques pas de là le séjour des dominateurs musulmans.
Deux restes de citernes et les murs d'un vieux cirque le long
du torrent, les épitaphes enchassées dans le couvent de la
Trinidad (1) ; voilà tout ce que la ville offre de remarqua-

(1)

C. VOCONIO. C. F.

GAL. PLACIDO ÆDIL.

II VIC FLAMINEO

QUÆSTORI

SALIORUM MAGISTRO.

———

POPILIÆ F.

RECT.

GLICINIUS C. F.

GAL MARINUS

VOCONIUS ROMANUS

UXORI.

ble. Mais au revers apparaît l'amphithéâtre, creusé dans le roc, que les siècles n'ont encore pu qu'imparfaitement détruire.

Beuter, Escolano, Marti, Montfaucon l'ont décrit. Il était alors beaucoup plus complet qu'à présent ; les guerres successives qui désolèrent l'Espagne lui ont porté de cruelles atteintes ; et, dernièremeht encore, les remparts de la ville nouvelle s'élevèrent aux dépens du vieux monument romain. Quelques traces du *Proscenium* et des *Vomitoires* ; les gradins du cirque façonnés dans le roc, à l'instar du Puy-d'Altans, et que rien ne saurait altérer : c'est tout ce qui reste de cet immense édifice. Il est adossé aux flancs de la citadelle qui le domine, et ses ruines noirâtres se confondent presque avec le rocher qui le supporte.

En atteignant le sommet de la plate-forme, sur laquelle cette forteresse est assise, on retrouve encore quelques constructions des anciens jours. La grande muraille qui la divise est évidemment de construction mauresque. Il est facile de reconnaître aussi le génie romain dans quelques pans de murailles encore subsistant, et d'ailleurs çà et là des bas-reliefs, des statues et des inscriptions (1) attestent les rapports

(1)

D. M. LAEL CAER
IALIS MAGISTRO
ART. GRAMMA
TICÆ LALIEN
ANUS LIBERT.
PATRIÆ BENEMERITO
VIXIT. AN LXXXVI.

—

M. BAEBIOME
GAL. CRISPO
D. PONTIF
SALIO
CONLUSORES

intimes de la citadelle celtibérienne avec la grande métropole. Le soc était jonché surtout de fragmens innombrables de ces vases sagontins, cités par Martial, que leur légèreté rendait vraiment d'un prix inestimable (1).

Ce ne fut pas sans horreur que nous descendîmes dans les profondeurs du rocher, où le génie soupçonneux de la tyrannie creusa, dès les temps anciens, d'humides et profonds cachots. Les idées qui se rattachèrent à ce séjour d'angoisses pesaient plus fortement encore sur notre poitrine que l'air humide, épais et lourd que nous y respirions ; en remontant au jour nous nous approchâmes du sommet des remparts pour savourer un air pur et libre... Quel panorama s'offrit alors à nos yeux ! A droite et à gauche, le beau golfe de Valence étendant ses deux immenses bras depuis Peniscola jusqu'au cap orageux de Diane; la couleur azurée de ses flots brillant au soleil de midi contrastait avec les plaines verdoyantes qui venaient mourir jusqu'à ses rivages. Sous nos pieds, au fond d'une gorge pittoresque et arrosée par la rivière de Ségoabe, toute formée d'eaux thermales, le petit village de Petrès ; plus loin les monts sourcilleux qui courent se joindre aux hauts plateaux de l'Aragon; puis devant nous les vergers de Valence chargés de vignes, d'orangers, de citronniers, et semés par intervalles de palmiers élancés qui ressemblent à d'orgueilleuses colonnes élevées par le génie de l'islamisme sur les terrains qu'il dota d'une agriculture si florissante?

Vous voyez, me dit un guide (qu'à grand'peine nous avions pu décider à nous accompagner ; car ici l'on ne retrouve point la loquace prévenance des *cicerone* de l'Italie), vous voyez ces trois monumens qui dominent cette riche vallée, tous trois sont des monastères; le plus rapproché de nous est

(1) La plupart de ces vases, que le temps avait épargnés, réunis à l'archevêché de Valence y ont péri dans l'incendie de 1808.

la chartreuse d'Ara Christi ; c'est là que meurent vivans, ou vivent mourans des hommes dont l'inexplicable inconséquence tient pourtant à crime le suicide ; rien ne trouble le silence de ces vastes et beaux cloîtres ornés de tout ce que l'art et la richesse peuvent enfanter de plus somptueux, et sous les arceaux desquels vous voyez passer de temps en temps seule et pensive une longue figure vêtue de bleu sur laquelle les austérités, le jeûne, l'ennui et souvent des regrets amers ont empreint d'ineffaçables traces ; rarement ces hommes atteignent la vieillesse ; chez plusieurs autres, la raison ne peut supporter d'aussi longs tourmens ; et si vous consultez leurs tristes annales imprimées par ordre de la compagnie, vous y verrez combien de fois la Providence a voulu dérober, par des illusions fantastiques, ces malheureux à la connaissance de leur sort. Leurs richesses sont considérables ; mais que faire d'un or qui, dans leurs mains, demeure stérile ! N'est-ce pas un supplice de plus ajouté à tous ceux qui leur ont été imposés déjà? Plus loin c'est le monastère du Puig, célèbre par sa madone et ses bons vins ; tout près de Valence, dont vous voyez à l'horizon se dresser le *migalet* octogone au milieu d'une foule de petits clochers qu'il domine, s'élèvent les orgueilleuses tours des hyéronimites de S. Miguel, où se trouve une des plus belles collections de manuscrits du moyen âge ; enfin, à l'extrême limite de l'horizon, au pied de ces montagnes est S. Felipe, l'ancienne Chatiba aux mille fontaines jaillissantes, Chatiba qui posséda en Europe la première manufacture de papiers, Chatiba enfin dont le poète Chouef-el-Rondi déplore si douloureusement la perte dans ses mauresques élégies sur les malheurs des Musulmans dans la Péninsule. Au nord, vous retrouvez encore un autre monument islamite dans les ruines du château d'Almenara, dont le nom vous indique assez l'origine.

Notre guide nous conduisit ensuite chez le curé du lieu. Cet excellent vieillard, couché sur un lit qu'il ne devait plus quitter, nous reçut avec une hospitalité parfaite; il mit une assez belle collection de médailles à notre disposition, et nous força, bon gré mal gré, d'accepter la vieille médaille sagontine à *la proue chargée d'une tour*, symbole de la puissance maritime du pays. A ce propos, nous dit-il, il en est de Sagonte comme de Carthage, on ignore où fut précisément le port de cette ville célèbre; pourtant, par sa puissance maritime, plusieurs antiquaires le placent sur la droite d'Almenara; il y a des ruines à visiter, je vous engage à vous y rendre.

Nous suivîmes le conseil du pasteur : sur la route nous visitâmes à Benavites un château juif, dont les angles sont encore chargés d'inscriptions hébraïques et dont les murailles inférieures sont tapissées de noms mauresques, crayonnés sur les parois. Un vieux canon, qui date de l'époque de l'invention de cette arme, est encore placé sur la plate-forme. Ce château seigneurial appartient au marquis de Bolgida (1).

L'un des vieux débris de notre grande armée, Français marié à une espagnole en 1808, nous reçut dans Almenara. Cet officier avait assisté à la prise de Sagonte par les Français. Nous n'employâmes pas, nous dit-il, autant de temps qu'Annibal au siége de la forteresse, et toutes les dames de Sagonte ne se brûlèrent pas, vous le voyez, ajouta-t-il, en nous montrant sa femme, pour échapper au vainqueur. — J'étais loin de songer que bientôt le choléra viendrait frapper celui que les balles avaient respecté, et que j'aurais à ramener au sein de leur famille les deux enfans qui se jouaient

(1)   D. M.
BAEBIO SENECION
ANNORUM XVII
SERGIUS URSIDE
BAEB MARCIA

alors sur le sein de leur mère, qui devait aussi leur être enlevée.

Après une demi-heure de route, en laissant sur notre gauche un mur dans lequel se trouvait sculpté un trophée d'armes antiques, nous atteignîmes la colline qui domine le marais où la tradition place le port de Sagonte.

Ce n'est plus qu'un marais fétide, séparé de la mer par une assez grande distance, et auquel on donne le nom d'*estanque*. Rien n'indique ses anciens contours, seulement la colline qui l'arrête est chargée d'inscriptions et des restes d'un petit temple élevé aux dieux manes par un mari qui pleurait la perte d'une épouse sans pareille :

VXORI

INCOMPARABILI.

Tels furent les seuls détails qu'à notre grand regret nous pûmes recueillir sur ce modèle des épouses. Des barbares , dignes successeurs des Numides, avaient profité de ces ruines pour élever en 1820 un calvaire dans la cour d'un couvent voisin de Dominicains. Nous mesurâmes partout ce petit édifice, qui présentait un carré oblong de 4 mètres 65 centimètres. On y apercevait encore les bases de sept colonnes carrées et d'autels votifs chargés d'inscriptions (1). Nous donnons ici ce qui en reste.

(1)

MOA..

HONORI..

SUA FV..

GEMINA LAR..

PATRONO OPTIMO

ET Q. LUCRET.

LUCRETIANO

XIIX FIL PIISSIM.

VIR

DXIVIIOVA

IANOARIUS R. F.

PIISSIM

Le cœur affligé de cet acte de vandalisme, je revins à Valence, où d'impérieux devoirs me rappelaient, après avoir souhaité toutes sortes de prospérités aux deux illustres et aimables compagnons de voyage que mon heureuse étoile m'avait fait rencontrer sur cette terre d'héroïsme, qu'ils étaient l'un et l'autre dignes de fouler (1).

15 novembre 1852.

GAUTTIER D'ARC.

(1) Lord S. RAS et le major F., secrétaire du gouverneur des Indes ritanniques.

VELASQUÈS.

Don Diego Rodriguès de Sylva y Velasquès naquit à Séville d'une famille originaire du Portugal, qui était venue se fixer dans cette ville , pour prendre possession de riches héritages qui lui étaient échus dans le pays. Il fut baptisé à l'église St-Pierre, le 6 juin 1599, sous le nom de Diego Rodriguès, fils de Juan Pablo de Sylva y Velasquès. Bien que sa famille eût beaucoup perdu de son ancienne richesse, elle était encore importante dans le pays. Son père, qui le destinait à quelque capitainerie au service de Sa Majesté Catholique, lui faisait étudier quelque peu les langues classiques et la philosophie, en attendant qu'il fût en âge d'entrer au service ; mais le petit Diego , comme tous les enfans de son âge qui sont doués de quelque jugement, s'ennuyait fort à apprendre des choses auxquelles il ne comprenait pas un mot et dont il lui était impossible d'apercevoir l'utilité pratique ; et, comme tant d'autres font en pareil cas, il se mit à barbouiller ses livres et ses cahiers de figures d'hommes très peu reconnaissables, mais qui, à ses yeux au moins, représentaient quelque chose. Dès-lors, tout ce qu'il pouvait avoir d'intelligence se portant de ce côté, il parvint à faire de petits bons hommes singulièrement expressifs, et son travail d'écolier, devenu pour lui une occupation toute mécanique, de jour en jour était plus négligé.

Ses parens crurent voir dans tout cela une vocation décidée pour la peinture, et, après en avoir délibéré en famille, il fut convenu qu'il serait placé chez Francisco Herrera le vieux, pour y étudier la peinture.

Francisco Herrera était une espèce de diable incarné, un homme brutal mais plein de verve, à la fois peintre, sculpteur, architecte, graveur, mécanicien, faux monnoyeur, un homme si difficile à vivre qu'il fit déserter tous ses élèves, qu'il fut abandonné par ses enfans et que, dans ses grands travaux, aucun peintre ne voulant s'exposer à ses mauvais traitemens, il fut souvent obligé d'avoir recours à sa servante, qui jetait presque au hasard, sur ses toiles, avec un large pinceau, des teintes préparées d'avance sur lesquelles il revenait ensuite, trouvant avec une incroyable rapidité ici une jambe, là une tête, plus loin un bras ou une draperie; et, de cette façon, avant que la peinture fût sèche, il avait terminé son tableau; aussi faut-il voir quelle folle et désordonnée peinture il faisait quelquefois : ses saints ont l'air de portraits à la ressemblance de Satan; chez lui les joies du paradis passeraient pour une orgie infernale; ses prophètes pour des nécromans, ses conciles pour des assemblées de démons.

Mais, le premier et le seul, il avait quitté la manière pauvre et minutieuse des artistes espagnols; il faisait une peinture large et facile, et c'est là ce que Velasquès était venu apprendre chez lui. Cependant, malgré toute sa bonne volonté, les habitudes brutales de son maître contrastaient trop rudement avec l'élégance de sa nature, pour qu'ils pussent long-temps habiter ensemble.

Il fit donc comme tout le monde, il quitta Herrera, et peu de temps après il entra chez ce bonhomme de Francisco Pacheco, peintre estimable et plein de goût, mais d'une timidité et d'une mesquinerie incroyables dans l'exécution de ses œuvres.

En entrant chez son nouveau maître, don Diego avait compris qu'il ne devait pas faire le sacrifice de la largeur de peinture et de la puissance d'effet qu'il avait apprises chez Herrera. En conséquence, tout en suivant les bons conseils que Pacheco pouvait lui donner, il tâcha de ne rien perdre de la vigueur d'effet et de la facilité d'exécution qu'il avait acquises chez son premier maître.

Pour mettre d'accord ce que des enseignemens si divers semblaient avoir de contradictoire, il prit le parti de les mettre continuellement en présence de la nature; de cette façon il trouva qu'elle se prêtait aussi bien à la largeur et à la puissance de l'un qu'à l'exacte précision de l'autre, et dès-lors il prit la résolution de la consulter préférablement à tous les maîtres et de ne jamais rien peindre, rien dessiner sans avoir sous les yeux l'objet même qu'il voulait rendre. Ce qui contribua plus que toute autre chose à le fixer dans cette résolution, ce fut la vue des peintures de Flandre et d'Italie qui arrivaient alors en grand nombre à Séville; celles surtout de Michel-Ange, de Caravage et de Josef de Ribera qui étaient exécutées en vertu des principes mêmes dont il cherchait l'application, eurent une grande influence sur la direction de ses études et le développement de son talent.

Pacheco nous apprend, dans son livre sur la peinture et les peintres espagnols, que Velasquès prit à son service un jeune paysan, dont il se faisait accompagner partout, afin d'avoir toujours un modèle sous la main; il lui faisait prendre toutes les postures et les expressions possibles; tantôt le rire tantôt les pleurs, penché en avant et puis en arrière, il copiait tous ses mouvemens sans s'épargner aucune difficulté, et, de cette façon , il parvint à dessiner une tête et à peindre un portrait mieux que pas un de ses compatriotes, tellement que les Italiens eux-mêmes, tout en lui reprochant son inhabileté à dessiner une figure entière, ont reconnu la science positive et le mérite supérieur qu'on retrouve dans toutes ses têtes , qui , de fait, sont aussi admirables pour la sévère exactitude du dessin que pour l'incroyable facilité avec laquelle elles sont peintes.

Pour se rendre complètement maître de son pinceau et pour se rompre aux difficultés matérielles de la peinture , Velasquès fit un grand nombre d'études de nature morte; il choisissait des fleurs , des fruits , des poissons, des armes et des étoffes, qu'il peignait ensemble ou séparément , étudiant avec la plus scrupuleuse attention la couleur , la nuance de chaque objet et la manière dont il était éclairé.

De cette façon , il acquit une grande expérience dans la pratique de son art , et , persuadé que pour un peintre qui veut arriver à une certaine vérité, rien ne peut suppléer à la présence même des choses qu'il veut rendre, il se confirma dans la résolution de ne jamais rien peindre sans la nature , tellement que, plus tard, faisant le portrait de Philippe IV , comme il demandait à ce prince séance pour peindre son portrait, et que celui-ci lui répondit que les autres peintres devant qui il avait posé faisaient tout cela sans lui et qu'ils ne lui demandaient qu'un instant pour peindre la tête : « En » ce cas , répondit Velasquès, ils sont plus habiles que moi, » car je ne saurais pas même peindre un bouton, sans l'avoir » précisément sous les yeux, tel que je le dois rendre. »

Cependant Velasquès étudiait dans la peinture de tous les artistes dont il pouvait se procurer les ouvrages, les manières différentes dont chacun d'eux avait envisagé et rendu la nature. Il fit alors de petits tableaux dans la manière de David Teniers, d'Adrien Brauwer , des bambochades dans le goût des Flamands le plus goûtés , et puis des peintures de plus haute dimension , dans le style de l'école de Caravage. Son *Aguador de Sevilla* et son *Nacimiento,* dont le premier est actuellement dans la galerie royale de Madrid , exécutés dans cette seconde manière , tiennent le premier rang parmi ses peintures de cette époque.

Il faisait tout cela dans l'atelier de Pacheco , qui applaudissait à ses travaux et l'encourageait dans ses fortes études bien plus qu'il ne pouvait l'y diriger. Mais la maison de son maître était pour don Diego la demeure la plus convenable, sous tous les rapports ; car, outre la commodité d'avoir à sa convenance tous les objets nécessaires à la pratique de son art , il y trouvait réunie la plus brillante société de Séville, artistes, musiciens, savans, hommes de lettres , magistrats et grands seigneurs , tout ce qui s'intéressait aux arts et aux sciences ; c'était le rendez-vous des érudits et des hommes de goût et de bonne compagnie ; de sorte qu'en même temps qu'il devenait peintre il s'habituait à cette pratique du grand monde dans laquelle il devint si habile, et qui lui fut d'une si grande ressource pour se maintenir à son rang élevé, au milieu des intrigues de la cour de Philippe IV.

Une autre chose encore, et celle-ci peut-être plus que tout le reste contribuait à le fixer chez son maître, c'était le charme qu'il trouvait à se sentir près d'une jeune fille aussi élégante que dona Juana, la fille du patron ; il faut croire que de son côté elle n'avait pas d'éloignement pour Velasquès ; car il ne paraît pas que son père ait forcé son inclination en le lui faisant épouser. Voici, d'ailleurs, les propres paroles dans lesquelles Pacheco déduit , dans son traité de la peinture, les raisons qui l'ont déterminé à le choisir pour gendre :
« Al cabo decinco anos, le case con mi hija, movido de sù vir-
» tud, limpieza y buenas partes, y de las esperanzas de su na-
» tural y grande ingenio. »

Velasquès cherchait alors la manière de Caravage , et ses nombreux tableaux de cette époque sont d'une exécution ferme

DON JUAN D'AUTRICHE.

MÉLENDEZ.

SAINTE THÉRÈSE.

CERVANTES.

L'ALHAMBRA.

ZUMALA-CARREGUY.

RIBERA.